Alas

Primera Edición, 2023
© Yenny Li

ISBN: 978-1-957417-57-8

Snow Fountain Press
25 SE 2nd. Avenue, Suite 316
Miami, FL 33131
www.snowfountainpress.com

Dirección Editorial:
Pilar Vélez

Diseño editorial e ilustraciones:
Alynor Díaz

Impreso en los Estados Unidos de América.

snow
fountain
press

Pies, ¿para qué los quiero si tengo alas para volar?

Frida Kahlo

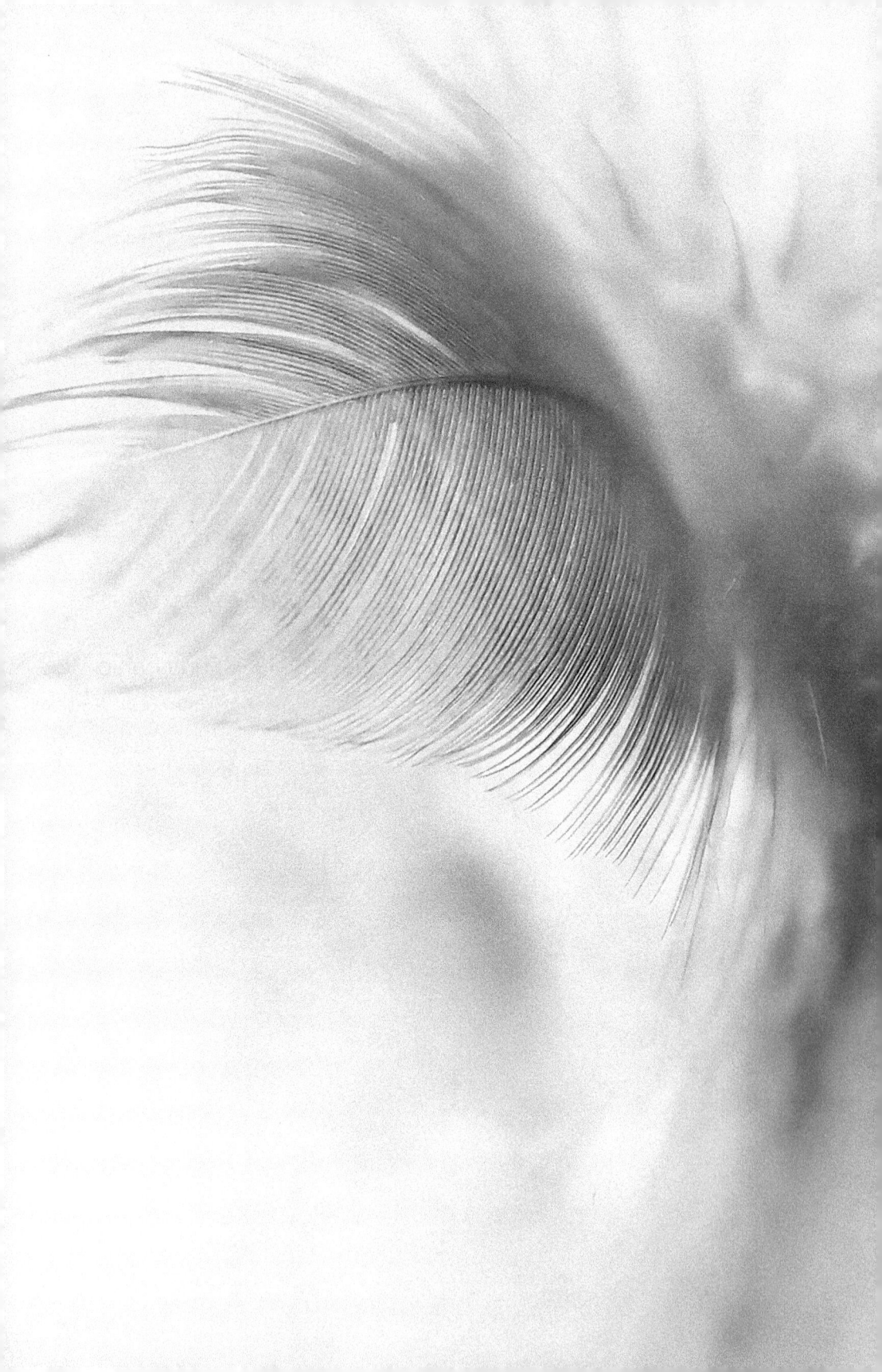

Dedicatoria

A mi hijo, Gustavo Li Jr, y a su pasión por la escritura.
Gracias por la paciencia de días y noches robadas,
mientras me dedicaba a escribir estos versos.

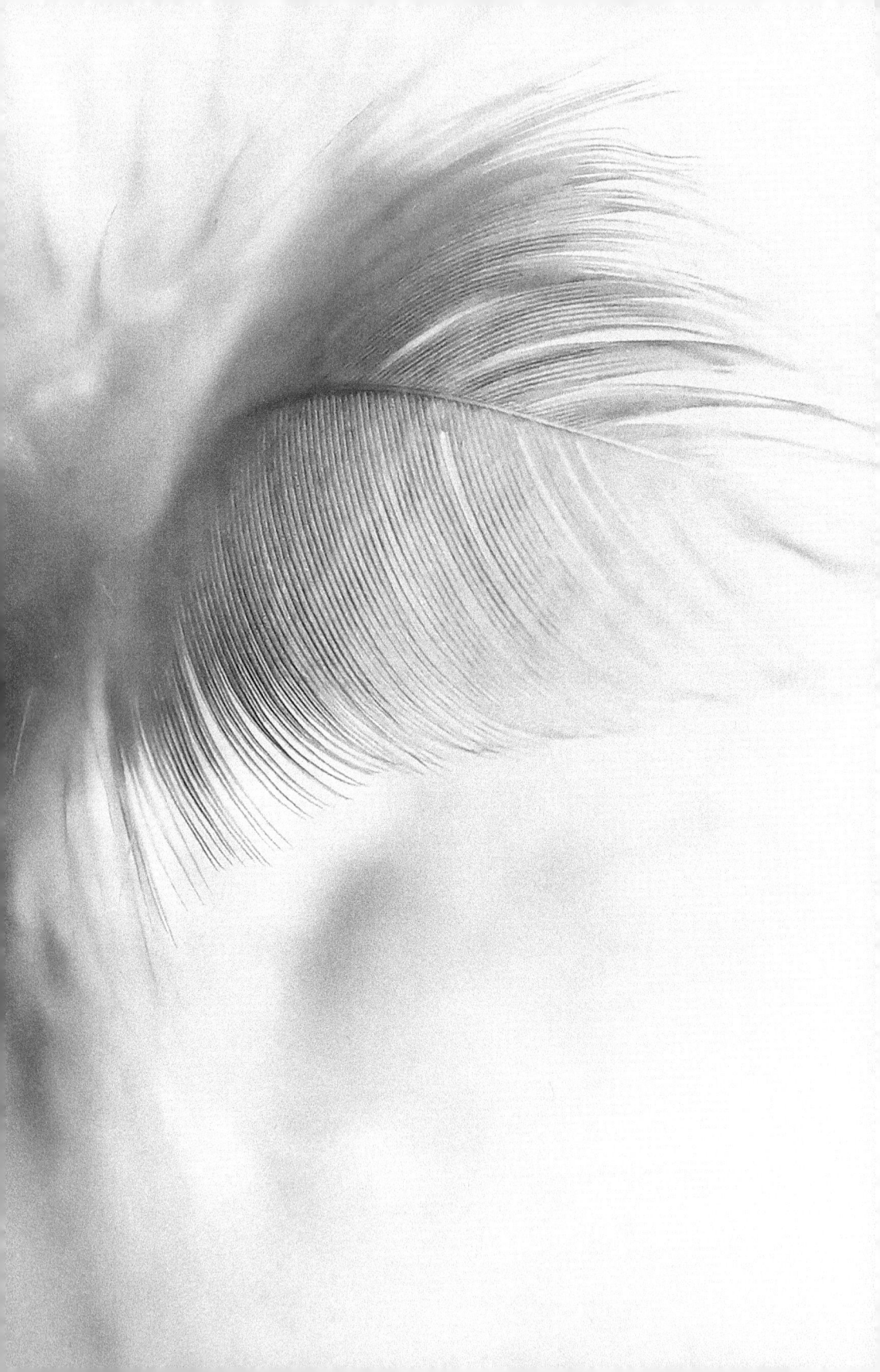

Agradecimientos

A mi colega, compañero de magisterio y de letras, y amigo, José Luis Mejía, excelente y conocido escritor peruano. Gracias por toda la ayuda y por el aprendizaje.

Al maestro y excelente decimista Alexis Díaz Pimienta. Gracias por todas las horas de clases y por la dedicación para enseñarme. Extiendo mi gratitud por todos los Pies Forzados que me sirvieron de inspiración para mis letras en *Alas*.

Gracias a mis lectores, mi gente. Ustedes han sido el termómetro que me ha ayudado a mejorar y a seguir hacia adelante. Sin sus comentarios e interacciones, no hubiera podido continuar ni progresar en mi pasión por la escritura.

Gracias a Dios por todas las bendiciones y por mostrarme el camino para desarrollar el talento que me designó. Gracias por las personas que me pone delante, por las oportunidades y por bendecirme abundantemente. Gracias por la salud.

A ti, mi inspiración, eternamente agradecida. Sin ti nada de esto hubiera sido posible. Aun con desvelos, te agradezco que llegues y que estés presente, musa mía.

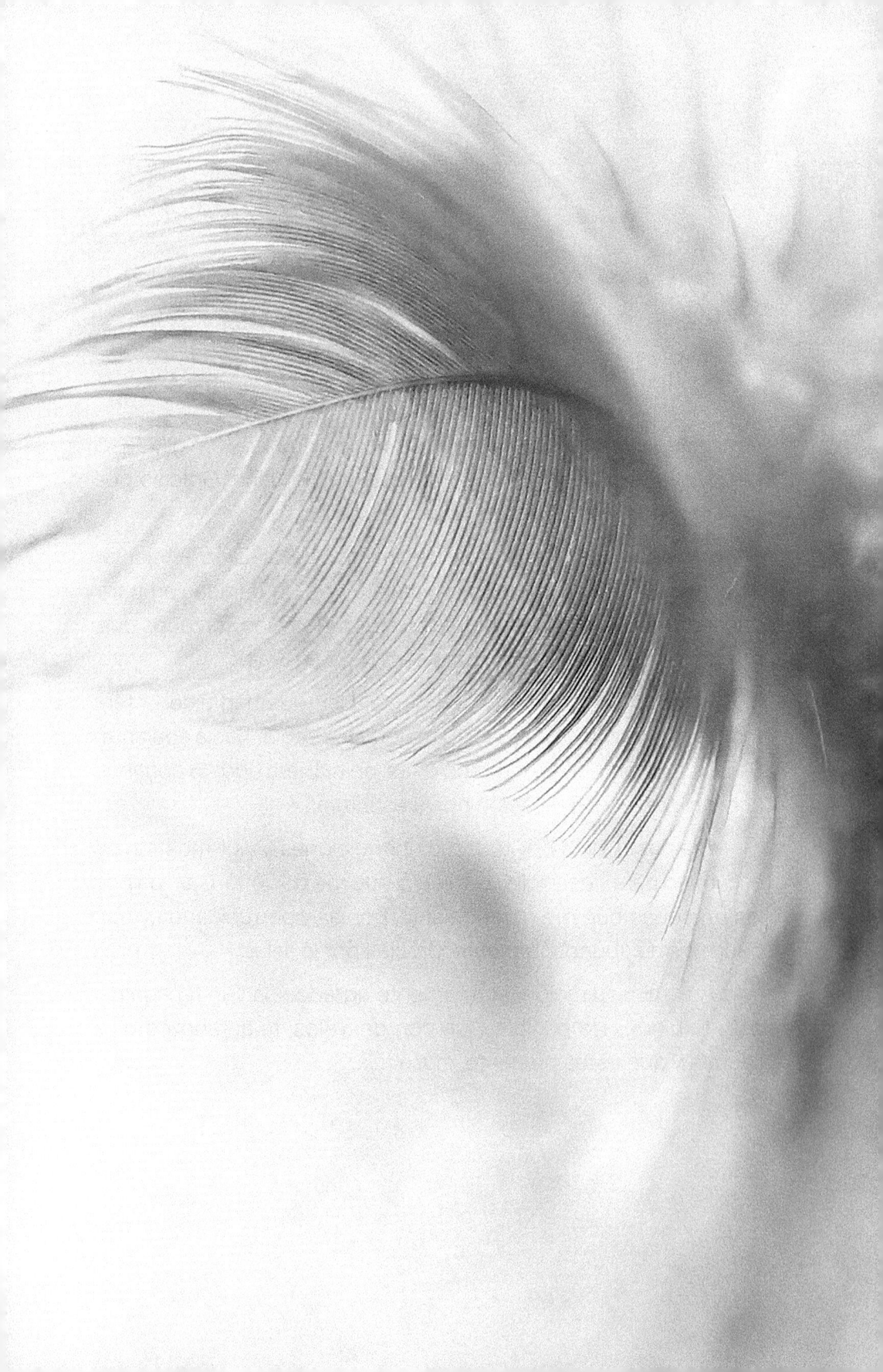

Índice

Escribir es un arte

Si escribo sobre el amor,
ni sufro ni estoy contenta;
mi arte solo representa
el aire, no su espesor.
La inspiración del autor
es su tema, es su guarida;
de su mundo, es la partida
de la abstracción de su mente
y lo que su verso cuente
no simboliza su vida.

Estocada

Si la musa te dedica,
de su rima, algún minuto,
no es más que un vestigio bruto,
que sobra, llora, suplica.
Es residuo que salpica
con su verso desde lo hondo,
insistente desde el fondo
me pincha y reta con su eco,
mas a su florete seco,
con un remate, respondo.

¿Y entonces?

¿Y si tú solo tuvieras
en tus opciones las cartas,
y con palomas, bien hartas,
tus mensajes repartieras?
Que tus notas transmitieras
quizás en señales de humo,
o por el mar, un insumo,
navegando una botella.
¿Cómo serías la estrella
sin la red y su consumo?

Hilo rojo

Un cauce con dos caminos
hacia rumbos diferentes,
con planes desobedientes,
nocturnos y vespertinos.
Corrían, sus desatinos
los lograron alejar,
mas la Tierra circular
en su rotación constante,
los volvió a poner delante
como el río besó al mar.

Sonámbula

Al levantarme temprano
fui a poner la cafetera,
mas del sueño y la ceguera
temblaba mucho mi mano.
En un letargo lejano,
me confundí con el té,
soñolienta lo cambié
para seguir con mi expreso,
y en medio de mi embeleso
puse sal en el café.

Partida

La noche con su lamento
se quejaba por la angustia;
sin fuerzas yacía mustia
la apagada voz del viento.
De ese oscuro alumbramiento
el cielo quedó vacío;
huérfano, quedó sombrío
el aire con su dolor;
amaneció, en resplandor,
un vaso de llanto frío.

(Pie forzado: Un vaso de llanto frío).

Aleida

Encandilado estampido
que anunciaba una tormenta,
se alumbraba turbulenta
en cielo descolorido.
Pujaba lluvia con ruido
de su vientre en desenfreno,
un rayo quedaba ajeno
entre tanta nube oscura;
cuentan que una criatura
nació como luz de trueno.

Permanencia

La brisa con su silbido
hace sentir tu presencia;
el vacío de tu ausencia
recuerda que no te has ido.
Como un mensaje al oído
se revive tu pronombre;
no hay dudas eres el hombre
que se mantiene presente,
y aunque lo calle mi mente
el viento grita tu nombre.

Yoyi

Yoyi, tú serás modelo,
eres bonita y "cuerpua",
tu talento te sitúa
como una estrella en el cielo.
Tienes cara, cuerpo y pelo,
que la gente no te inhiba
y que la fama te exhiba,
ya tu sueño estás logrando.
¿Yoyi, pero estás llorando?
¡Yoyi, cabecita arriba!

(Inspirada en el personaje de la comediante cubana Aly Sánchez).

Saturada

Que si la rubia muñeca
me trae hasta la locura,
me pregunto si habrá cura
para esa pepona hueca.
Ya hasta rosado defeca
todo el mundo con su ropa,
hoy mi conciencia se dopa
con tanta absurda idiotez,
que termine de una vez
esa Barbie; ¡hasta en la sopa!

Visión

De la vista, un buen chequeo,
para operar con medida,
al transitar por la vida
no puedes decir: "No veo".
Te retará algún bloqueo,
tendrás luces y apagones;
varios túneles, montones,
te oscurecerán un poco,
mas te ajustarán el foco,
los conos y los bastones.

El poeta

Si del verso del poeta
te saluda la alborada,
quedarás enamorada
de su rima tierna y quieta.
¿Es su palabra cuarteta
cual sedosa lencería?
Deja que alumbre tu día
con su pluma y su esplendor,
tus alas abre, al autor,
y vuela en su poesía.

Huele a "h"

Oler huele a confusión
con hache o sin sus dilemas,
entra y sale de los temas
con tono un poco burlón.
Al oler no está en acción,
pero si huelo la veo,
—ya me ha dado hasta mareo—
alguien que me brinde ayuda,
¿o se viste o se desnuda?
Esto ya me huele feo.

Too Late

Quizás hablen por sí solos
tus hechos y decisiones,
siempre inventando razones
e infundados "protocolos".
Ya no creo en los gladiolos
del jardín de tu utopía,
y si, por si acaso, un día
te apuñalan tus excesos,
no vengas con falsos besos;
de ti, me hallarás vacía.

Musa helada

Escarcha, el verso es granizo
blanco, gélido y cortante,
se ha congelado bastante,
es hielo resbaladizo.
Nevado, ya algo cenizo,
se ha vuelto un poema yerto,
no se sabe por qué ha muerto
en un mar de inerte plazo,
solo se ha visto su trazo
como témpano sin puerto.

Despojos

Hoy solo quedan las sobras
de su simulado fuego,
se han destapado su juego,
sus manías, sus maniobras.
De sus calibradas obras
solo resta la coartada,
su recuerdo es la morada
de su paso por la vida,
se convirtió su partida
en polvo, en ceniza, en nada.

Óbito

Brazo oscuro del umbral
de susurros y temores,
señora de los dolores
con lágrimas, natural.
Culminación del anual
recorrido de la suerte
mas comienzo de lo inerte,
del descansar de la vida;
el alma ve su salida
en el acto de la muerte.

Tiempo

Silueta llena de horas,
con minutos y segundos,
marchando van sus dos mundos,
entre esperas y demoras.
Muchos ocasos y auroras
con sol y con luna llena
mas su constancia no frena
en su tamizar diario,
cuánto preserva en su horario
un viejo reloj de arena.

Serena

Un día de esos, de playa,
de arte rodando en las olas,
se inspira en las caracolas
y escribe; su verso ensaya.
Sin pasarse de la raya,
de rimas hace un collar
y sin poderse callar
desahoga su argumento
echando un murmullo al viento
y una décima a la mar.

Teorema

Aquel día prodigioso,
matemático dispuesto,
fue a explorar el lado opuesto
de un triángulo recto, hermoso.
Su ojo preciso y curioso
divisó bajo el abrigo,
—con ángulo de testigo—
justo al borde de la blusa,
partiendo la hipotenusa,
un *piercing* en el ombligo.

(Pie forzado: Un piercing *en el ombligo).*

Mutable

De piedra tenía el alma
que usaba como armazón;
no daba su corazón
para no perder su calma.
De su puño, mano y palma
nacía un "no" de metal;
sin embargo, al ser mortal,
un día cedió al amor
y ante su ardiente fulgor
se rompió como el cristal.

(Pie forzado: Se rompió como el cristal).

Rica

Lleva cartera de Prada
de piel, del último grito,
mas come plátano frito,
chicharrón, yuca, empanada.
De clase muy refinada,
tiene una mansión y un yate;
siempre su alma se debate
entre el glamur y el tamal,
cargar para ella es normal,
en el bolso, un aguacate.

Romance

El aire y la oscuridad
se amaron bajo la luna,
el reflejo en la laguna
apuntaba tempestad.
En juego, la castidad,
se afincaba al firmamento,
un relámpago sediento
rompió, de la lluvia, el broche;
cuentan que quedó la noche
embarazada del viento.

Tatuaje

¿Algún tatuaje escondido?
Sí, uno grabado en el alma,
en una profunda calma
desde que entró desmedido.
Se estampó tan atrevido,
no es animal ni amuleto;
la tinta oculta a un sujeto
con caligrafía de hombre,
y esculpido lleva un nombre
dulce, pasivo y secreto.

¿Qué es?

Del pensar espera poco;
sin embargo, dice tanto,
tanto que no sabe cuánto,
ni su intensidad tampoco.
Es alivio del sofoco
de una inspiración discreta;
en cambio, se torna inquieta
al completar la escritura,
revela su tinta oscura
de la mano del poeta.

(La poesía)

Única

Tiene su rima cadencia
de octosílabos medidos,
en ellos van repartidos
ritmo, amor y coherencia.
Su música y transparencia
dictan un acorde estable,
—y aunque por sí misma no hable—
dice mucho en cada verso;
ese es todo el universo
de una décima notable.

Hazañas

Tú, noble libertador,
de varias revoluciones,
¿el cerco de tus acciones
va de mayor a menor?
No es bueno ser picaflor,
ni en varios puertos, tu barco,
anclarlo en el primer charco,
Napoleón, tal vez un día,
te encuentres con la osadía
de la mártir Juana de Arco.

Velada

Su cabeza tenía alas;
soñaba que un cocodrilo
lo visitaba al asilo
junto a un perro y a dos koalas.
Le convidaban a galas
que animaban con destreza,
le curaban la tristeza,
con música y poesía,
de ese anciano que tenía
pájaros en la cabeza.

(Pie forzado: Pájaros en la cabeza).

Tempestad

Esperaba con ansias la tormenta
para ver los efectos de su calma;
sin embargo, causó daños a mi alma
que tan solo rondaba por su cuenta.
La arena me dejó manchada y lenta,
me pesaban sus truenos y sus gotas,
y su vuelo emprendieron las gaviotas
sin lograr contemplarme en su migrar,
solitaria me vi junto a la mar,
la lluvia me dejó las alas rotas.

(Pie forzado: La lluvia me dejó las alas rotas).

Un no sé qué

Atraviesas mis defensas
con tu pasar y tus garras,
mi energía despilfarras
y mi nerviosismo densas.
Mas con tu amor recompensas
mi placidez y mi credo,
sacas suspiro que hospedo
en mi pecho palpitando,
y aunque me tengas temblando,
contigo no siento miedo.

Frida

Su fuerza y su valentía
le esbozaron la silueta
de inoportuna pirueta
que la retorció un mal día.
Con pinceles y osadía
dibujó su gran tragedia,
grabó su tragicomedia
postrada desde su cama,
no la derrotó su drama,
ni su inmóvil ortopedia.

Lejos

De Pinar, en occidente,
son mis preciadas raíces,
de atardeceres felices
y del calor de su gente.
Siempre viajan en la mente
su sol, la loma, el bohío,
y a pesar del desafío
de tantos hijos dispersos,
van de mi parte estos versos
lejos de Pinar del Río.

(Pie forzado: Lejos de Pinar del Río).

Doctrina

De niño tuvo el deber
de gritar un "pin pon fuera,
abajo la gusanera",
por caprichos del poder.
Adoctrinado su ayer
obligado a ser patriota,
—llevando fusil y bota—
sin respetar su derecho
en vez de haber sido, de hecho,
un niño y una pelota.

(Pie forzado: Un niño y una pelota).

Ausencia

En la arena vi tus pasos
el día de tu partida
mas aguardo tu venida
a pesar de los fracasos.
Fueron muchos los ocasos
preparándote la cena
—y aún te espero serena—
sigue bien el caminito
que te dejé bien escrito
sobre la piel de la arena.

(Pie forzado: Sobre la piel de la arena).

Admirador

Era una carta sin nombre,
llegaba sin remitente;
sin embargo, coherente,
con intenciones de un hombre.
Se interpretaba un pronombre,
no enunciaba "ella" ni "yo";
de pronto, desde el plató
se le oyó tras las cortinas,
leyendo, entre bambalinas,
la carta que me dejó.

(Pie forzado: La carta que me dejó).

Consejo

A ti, que juegas con fuego
aunque parezcas inerte,
a ti, te deseo suerte,
que no acabe mal tu juego.
Disparas sin mucho apego
al corazón, sin sentido,
y lo dejas aturdido,
—recuerda que existe el Karma—
cuida no voltee tu arma,
¡apunta mejor, Cupido!

Arrebato

Desinterés evidente
de la musa, está muy loca;
¿rehabilitación?, es poca,
para organizar su mente.
Anda rara, incongruente,
no compone —¡qué insensata!—
ni rima, ni serenata,
hoy me dijo: me sublevo,
lo mismo te plancho un huevo
que te frío una corbata.

Su tiempo

Lleva dolor, lleva duelo,
tu luto toma su espacio,
puede ir rápido o despacio,
va consumiendo el anhelo.
Saca todo tu desvelo,
la falta no recuperas,
cala el dolor, mas esperas
que salga de lo profundo,
mientras te censura el mundo
al ver que no lo superas.

Lo que el viento se llevó

El viento y su profecía
me lo habían advertido,
que no le pusiera oído
a tanta galantería.
Con mucha palabrería
calculó bien su argumento,
mas fue todo puro cuento;
—resultó ser un farsante—
recuerdo aún, y bastante,
lo que me decía el viento.

(Pie forzado: Lo que me decía el viento).

Canelo

Del barrio Jesús María
se marchó el perro sin su amo
le dejó, en su tumba, un ramo,
partió rumbo a la bahía.
Con su plan de lejanía,
más la alfombra de Aladino
—y el despojo del padrino—
tomó su ruta el consorte,
así se piraba al norte,
el perro de mi vecino.

(Pie forzado: El perro de mi vecino).

Merling

La estrella, la glamurosa,
que aparece por las redes;
¿no la conocen ustedes?
Se las presento, es famosa.
Es valiente y poderosa,
es buena amiga, es de ley;
cubana como el yarey,
es familiar, es la vida,
por todos es muy querida,
es Merling de Siboney.

Esencia

Soy matices, soy ortigas,
auroras y atardeceres,
soy la tierra, soy sus seres,
soy aire puro y con migas.
Soy un río de fatigas
y energía de un buen zumo,
soy la fusión del consumo
entre lo dulce y lo amargo,
soy desvelo, soy letargo,
soy mar que fluye y soy grumo.

Notable

Este cuerpo no es de té,
no quiero formar un lío
ni culpar tampoco al río,
mejor, la culpa, a Piqué.
Como yuca con bisté,
cuando no me sirva el túnico,
mantendré mi lema, el único,
de no comer de lo orgánico,
y que no me cunda el pánico
ni tampoco panda el cúnico.

Qué llanto

La Shakira y sus facturas,
Miley Cyrus con sus flores,
despechados desamores,
el morbo y sus conjeturas.
Las dos son grandes figuras,
pero les dio la rabieta,
pa' su llanto, servilleta,
asimilen la derrota,
lo que no sirve se bota,
ya superen la perreta.

Cumplido

Quizás te lluevan las mieles
de la vida y su dulzura;
quizás estés a una altura
donde te sobren los fieles.
Quizás en tus oropeles
no te quepa la agonía,
pero al terminar el día,
quizás, colmado de excesos,
tengas el arca, de besos,
posiblemente, vacía.

(Pie forzado: Posiblemente, vacía).

Etílico

Perfumado por su huida
el éter lustró su vuelo
con un suave y negro velo
dando brillo a su partida.
Su composición surtida
de sedantes, en su esencia,
fue calmando la dolencia;
no pudo la cobardía
ganarle al sueño ese día;
se anestesió su existencia.

Ocaso

Ya murió aunque siga vivo,
olvidado, lejos, yerto,
abandonado en un puerto
y, en sus tinieblas, cautivo.
No quedó ni el donativo
de su karma adormecida,
rotunda fue la partida
que tomó hacia el otro mundo,
aunque sé que, en lo profundo,
es una muerte con vida.

Denominado

Ni con barba ni sombrero,
ni me absolverá la historia,
Peter Pan en la memoria,
el Marielito, el balsero.
Fuimos la escoria primero,
comunitario mayor,
la diáspora, con honor,
el enemigo, el gusano
y por culpa del anciano
hoy soy patrocinador.

Me Me...

Descontrol de zapatilla
dependiendo del ambiente,
casi siempre entre la gente
anda buscando una silla.
Siempre atenta, en la mirilla,
busca área del baldeo
por si empieza el bombardeo,
—conocen su mal de risa—
por eso agarra de prisa
un cubo pa' su goteo.

(Casos de la vida real).

¡Ni Julio Verne!

Hemos volado en Catar,
American y Emiratos,
pasajes caros, baratos,
varios tramos del viajar.
Mismo cielo, otro lugar,
hábitos simples, complejos,
diferentes catalejos,
supongo es parte del plan
de lo que dice el refrán:
" Estudia y llegarás lejos".

Una y mil veces

Llegaba la maldición
con su disfraz de bondad
prometiendo libertad
con la punta del cañón.
Maldita la evolución
falsa, opresora y letal
que a fuerzas puso un bozal
ejecutando un secuestro,
maldito el manto siniestro
de aquel enero fatal.

Happy New Year

Y bien, haciendo un balance,
un año más con su encanto;
con este aprendimos tanto,
tuvimos metas, avance.
Que continúe el alcance,
nuestro enfoque y su relevo,
muy en alto mi copa elevo
y con la misma actitud
brindo por paz y salud
y por feliz Año Nuevo.

Agua al dominó

Viviendo en el exterior
vas perdiendo habilidades,
y te enfrentas a verdades
que las tomas con humor.

El dominó con sus dones,
ayer me dieron "pollona",
de la casa, la anfitriona,
me dio algunas instrucciones.

"Te será beneficial,
que cuando vuelvas del sur,
una vez en Singapur
te repases el manual".

Bla, bla, bla...

Manías, solo manías
disfrazadas de elegancia,
un ego con arrogancia
bla, bla, bla, galanterías.
Muchas palabras vacías,
mentirosas y sin frenos;
pare su embuste y sus truenos;
sería bueno, además,
que ejecutara usted más
y que hablara mucho menos.

5A Lorong 41

Ay, la confunde la noche,
dice el medio japonés,
una polaca, un inglés,
de culturas un derroche.
Y para cerrar con broche
de oro, con comida en plato
bailando pasamos rato,
muchos bebían champán
y Caleb comía pan
en el motivito 'e Sato.

(5A Lorong 41 es una dirección
domiciliaria en Singapur).

Enigmática

En una noche sin plazos,
misteriosa y sin medida,
a veces no hay más salida
que el calor de ciertos brazos.
Se estremecen los abrazos
que gozan la madrugada
y ni la luna, intrigada,
se puede asomar a ver,
lo que suele suceder
en una noche cerrada.

(Pie forzado: En una noche cerrada).

Para un Grammy

Me encontraba yo inspirada,
cuando escribí esta canción,
que, en mi modesta opinión,
podría hasta ser premiada.
Perciba y fíjese en cada
vocablo en el cual distingo
mi numen de aquel domingo;
aquí tiene la rotunda,
sentida, bella y profunda
letra de mi Tongontingo.

La "currrrtura"

Y llegamos a la cita,
amigos nuevos y viejos,
comida, risas, consejos,
muy memorable visita.
Una velada bonita,
¡invitados de congreso!
Cultos, muy finos, por eso,
la cuestión se tornó vasta,
preguntas de yuca y hasta
la maduración del queso.

La Espinela

Cantando y contando al viento
va la décima espinela
con su estrofa paralela
y su consonante acento.
Métrica, ritmo, fragmento,
poética en su estructura,
genuina, variada, pura,
y en la frescura de un verso
lleva su intelecto inmerso
desvistiendo su figura.

Ovillejo

¿Cómo ves el Ovillejo?
Complejo.
¿Cómo expresa el compromiso?
Conciso.
¿Cómo describes su sello?
Es bello.

Es suave y sin atropello,
su rima va a la conquista,
tiene el primero en la lista,
complejo, conciso, es bello.

Sí o sí

Es tu código postal,
remitente destinado,
un buzón con apartado,
misiva circunstancial.
Es algo no terrenal,
de otra vida o descendencia,
designada pertenencia,
pronóstico que está escrito,
una historia, un cuento o mito,
eterna correspondencia.

Hacia arriba

A España llegan pateras,
a Florida embarcaciones
como balsas, por montones,
sin importar las fronteras.
Emigrantes sin banderas
del Sur al soñado Norte,
sin visa en su pasaporte
sin garantía en su viaje,
la fe, su único equipaje,
la voluntad, su resorte.

De Cerventes

De Le Menche, en un lugar
de cuyo nombre no quiero
acordarme, mas lo altero
para el inclusivo usar.
No me gusta quijotear,
mejor le huyo, ¡qué espanto!
¿Por qué complicarnos tanto?
Que si elle, niñe o chique,
que el género se triplique;
a mí, me suena a Esperanto.

Dios las cría

Ay, Marta, Marta María,
nos zambulliste en aprietos,
aquí dejo unos bocetos
para expresar mi alegría.
Espero esta musa mía
no me juegue una patraña
ni me abandone en la hazaña
de escribirles, poetisas,
y sacarles las sonrisas
aunque me dé una migraña.

Nos une la poesía,
Gertrudis, Maritza y Cleme,
más otra aún que no teme,
se llama Marta María.
Y nos lanza a la osadía
de inspirarnos por la vena
del gusto y en una cadena
de décimas sin temor
cuando se unen con amor
cubanas y una chilena.

A mano

La pluma, la pluma inquieta,
me llama y me guiña el ojo
pa' que la mueva a su antojo,
escribiendo una cuarteta.
Del puño queda sujeta
su tinta surca el papel
con su punta de cincel,
verso a verso, su chasquido
va plasmando con sentido
su redacción de pincel.

Existencia

Lapso de tiempo hostil, mas amigable,
movida y caudalosa, fluye quieta,
temporal, enigmática; poeta
que versa recorrido matizable.
Libreto sin certezas, inefable,
ópera de un teatro sin luneta,
un telón que, en escena medio escueta,
abre y cierra una historia perdurable.
La aurora, la verdad genuina y pura,
un seguro comienzo con partida;
con vivencias se crea su textura.
Va derecha, también viene torcida,
y tal como parece conjetura,
es simplemente así, solo es la vida.

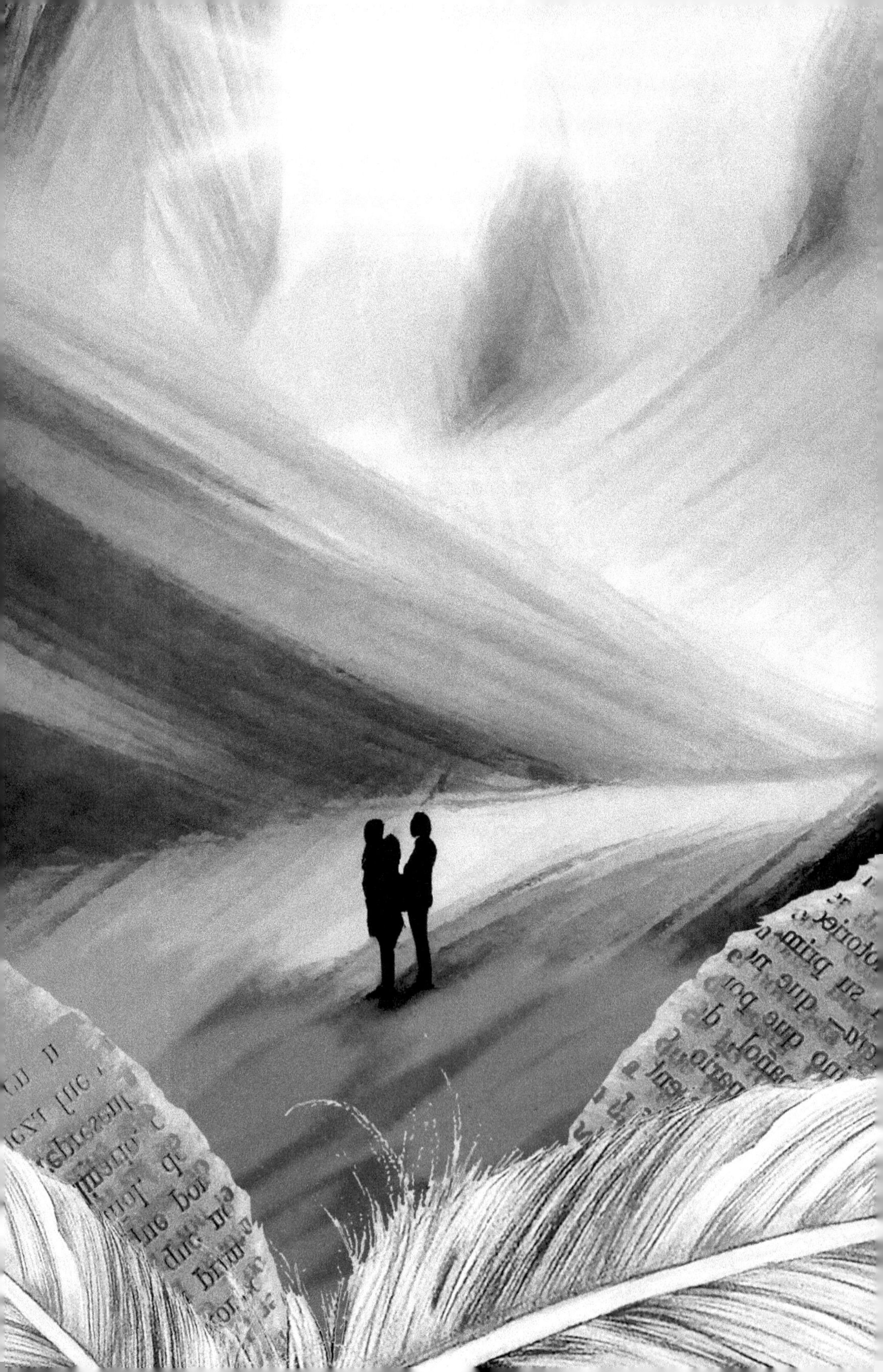

Para los que están

Sin mucha foto ni texto,
pero están con su presencia,
mi fiel y querida audiencia
activa siempre en contexto.
Con motivo o sin pretexto
me muestran sus diplomacias,
apoyan las "acrobacias"
de muchas publicaciones;
porque aprecian mis renglones
hoy les quiero dar las gracias.

Dramática

Demasiados complementos,
pronombres y reflexivos,
predicados, sustantivos,
determinados segmentos.
Son varios los argumentos,
verbos acorde a su modo,
adjetivos, sobre todo,
y un viene y va de locura,
gramática sin cordura,
"pragmática" es el apodo.

¡Feliz cumpleaños!

No es carta, ni es telegrama,
ni octavilla, ni soneto,
es homenaje discreto,
décima para una dama.
En tu barrio tienes fama,
te quieren de corazón,
bendiciones un montón,
que sigas siempre risueña;
de tu amiga pinareña,
pa' ti, Xiomara Tolón.

¿Qué Yenny, la becada?

"Que contarte tengo un mundo,
cuando te vea en diciembre";
le venció octubre a noviembre,
el plan cesó vagabundo.
Diálogo no muy profundo
el de una corta llamada,
"Ay, niña, cuánto me agrada
conversar aunque estés lejos";
hoy conservo tus consejos,
y mi apodo de "becada".

*(A la memoria de Rosario Barnet, con
mucho cariño).*

Fuga

Viene bien una salida
al más lejano retiro,
darle a la rutina un giro,
esparcirse sin medida.
Que no noten la partida
los fantasmas del reproche,
que el día sea un derroche
en donde las conjeturas
desaten las ataduras
de los nudos de la noche.

Hispanidad

Soy flamenco, salsa y tango,
tumbadora y castañuela,
soy la vida, soy la escuela
del gitano y del chilango.
Soy la tierra, soy el fango
que nunca me dejó sola,
soy cóndor, también soy chola,
tengo grabado en mi paso
a Frida Kahlo y a Picasso,
yo soy la lengua española.

Las piezas

Se mezclan, parecen dobles,
saltan, huyen y te estresan;
sus travesuras no cesan,
sin embargo, lucen nobles.
Como listones de robles
con ondas irregulares,
se escapan de tus pulgares
para que no las encajes,
cosas del puzle y sus gajes;
caleidoscopio de azares.

Inexistencia

Envejece apresurado
como si la vida fuera
una carrera, y tuviera
un cronómetro marcado.
Un lapso desmesurado
de segundos que, a minutos,
van señalando los brutos
descensos de su razón
y se empeña en la obsesión
de vivir viendo sus lutos.

Esa edad

Cuando lleguen las fricciones,
las pastillas, la demencia,
se llenará tu conciencia
de un mar de alucinaciones.
Ya sentirás aguijones
que te avisan de la artritis
la presión más la bursitis,
la diabetes, la fatiga,
y si el colon te atosiga
va y te ataca la colitis.

Son muchas patologías
que los años van trayendo,
sientes los huesos crujiendo
y en varias fisonomías.
Debutan las ironías
de la vida y su acidez,
producto a la madurez
se va desgastando todo,
aprovecha, de igual modo,
y disfruta la vejez.

Happy Birthday

Gran poeta y compañero,
que en tu día, José Luis,
se te ilumine lo gris,
que el camino sea fiestero.
Hoy desearte yo quiero
bendición y muchos años,
que escales muchos peldaños
de éxito y prosperidad,
desearte de verdad
un muy feliz cumpleaños.

Cuerda floja

De puntillas por la vida,
procurando la armonía,
la suerte te dejaría
si el infortunio te cuida.
No caerse es la salida,
el equilibrio, el sostén,
no importa cómo o con quién,
si te doblas toca el piso,
no es de nadie el compromiso,
¡endereza tu vaivén!

Morada

En el resguardo y la calma
reposa el verso en su ser,
sigue teniendo el poder
de dormitar en el alma.
Va saliendo por la palma
de mi mano —que le acusa—
cuánta inspiración ilusa
la que corre por mis dedos,
anida rimas en ruedos
a la sombra de mi musa.

Su paraleta

(Décima jitanjáfora)

Su *loema* con esmero
revienta el reguetonero.
Burriagudo, muy asqueroso,
sincúpido y no afectuoso,
intensamente horroroso,
cantinfleo bochornoso.
Y escupe su *paraleta*
de mal gusto y bien escueta.
El verbo queda *pestero*,
grosero, zarrapastroso,
y el tipo que la interpreta.

¿Qué es "jitanjáfora"?
Una "jitanjáfora" es una manifestación
poética creada a base de palabras, o
expresiones inventadas y carentes de
significado; generalmente se crean a partir
de la musicalidad, y la sonoridad de los
fonemas, cobrando sentido y significado
dentro del poema.

Delirio

¿Qué lleva además de vino?
Comino.
¿Y qué le falta al sazón?
Limón.
¿Qué le adiciono al tasajo?
Más ajo.
Sueña el cubano de abajo,
con la carne y su escasez,
va delirando a la vez:
¡comino, limón, más ajo!

Curioso

Le dijo que el Guayabero
cantó: "El ombligo es la fuente
y abajo se hace la gente",
se atrevió el muy pendenciero.
Le pidió, fue bien sincero,
yo te pago tu trabajo,
Marieta, por tu refajo,
soy curioso y acepto el reto,
responde y me quedo quieto:
¿tu corazón está abajo?

*(Inspirado en El Guayabero, cantante cubano
de sones y guarachas, más conocido por "el
rey del doble sentido").*

Un lado bueno y otro no tanto

Mírame, sí, por el lado
donde florece la aurora,
que del otro soy la autora
de un verso desamparado.
Evita ese otro costado
donde mi arpa, con su lira,
suelta su demencia y su ira
—no recomiendo ese flanco—
mejor búscame en lo blanco
de esa parte que me admira.

Mea culpa

La falla la llevo dentro,
y aunque no ruegue clemencia
—por las dudas— si hay urgencia,
con el pecado me encuentro.
Sobresale el epicentro
de mi conciencia y su cargo,
y aunque al perdón le dé largo,
y al olvido otorgue el voto,
seguiré siendo devoto
de mi culpa y su letargo.

Coexistencia

No importa si es mano ajena,
piensa que vale la pena
agruparse en redondel.
Seamos el timonel
de colores que a pincel
esboce aquel carrusel
que nos traiga la osadía
para dar a nuestro día
bendición y enhorabuena,
y, juntos en carretel,
cosamos nuestra armonía.

Efímero

Como ala de mariposa
que de la oruga salió,
hilvanado que tejió
los colores con que posa.
Volando busca la rosa,
ya no es oruga de seda,
en el aroma se hospeda
tomando el néctar de flor,
disfrutando de su olor,
su corta vida emboveda.

Luna

Nocturna luz, que al moverte
gélida pasas, brumosa;
como el aire envuelto en prosa,
das furia al viento en lo inerte.
Si en la niebla puedo verte
y en la garganta del frío,
qué no viera yo en el río
de tus sueños renunciados,
donde seguimos anclados
por siempre tuya y, tú, mío.

Liberen a Yoyi

Yoyi llegando a la Yuma,
queriendo matar antojo,
comiendo yuca con mojo,
no hay nada que no consuma.
A su ansiedad va y le suma,
glotona y atragantada,
malta y leche condensada,
arroz, carne y hasta galleta,
y por comer la croqueta,
¡pobre, termina encerrada!

¡Ay, mi Yoyi!, pena siento,
extrañando su pozuelo
en la cárcel, sin consuelo,
mi prima y su descontento.
En la Yuma, sin aliento,
te llevaré a la visita
un pan con chuleta frita,
y un batido de mamey,
y en problemas con la ley,
¡te apoyamos, mi primita!

*(Inspirada en el personaje Yoyi, de la
comediante cubana, Aly Sánchez).*

Un país

Un país que no prospera,
que no crece, es un país
que lo cubre un manto gris
donde es eterna la espera.
Su libertad es balsera
que emprende su rumbo al norte,
boleto sin pasaporte;
un país sin una meta
y empolvado en la gaveta
sin sustento ni soporte.

Inmortal

¿Aquello que no se expira?
Respira
¿Y si el olvidarlo te urge?
Resurge
¿Dura tiempo y no se quita?
Habita.
Es algo que en ti dormita,
viene y va, se esconde y sale,
no hay nada que lo apuñale;
respira, resurge, habita.

Mariposa blanca cautiva

Caña de azúcar, dulzor,
y agria como el tamarindo,
su mar dice: no me rindo
de darle, al viento, valor.
La gente con su dolor,
un miedo despavorido,
un futuro sustraído,
sufrimiento sin clemencia,
cautiverio en abstinencia,
un ataúd sin sentido.

El chat

Es un recurso potente
mas debes ser cauteloso,
es un vicio, no es costoso
y contacta a mucha gente.
Cuídate y que no te tiente,
no vaya a ser que te enredes,
en chateo no hay paredes,
ya lo dijo el sacerdote:
"Hasta que el amor los bote
o los separen las redes".

Malasia y и так далее

Y en la tierra del sultán
donde prima la mezquita,
allí el Buda se da cita,
y el turbante es el afán.
Y ya lo dice el refrán,
estudia y llegarás lejos,
te graduaste con festejos,
te adueñaste de aventuras,
volando por las alturas,
hacia el mundo y sus reflejos.

(Etcétera, en ruso: и так далее).

Incurable

Por recordar, no razono,
a este amor tan indomable,
despiadado, poco fiable,
que me tira al abandono.
Siempre subido de tono,
va rozando la locura
sin señales de cordura,
contra todas las deidades,
no le importa si lo evades,
es un mal, no tiene cura.

¿Qué hay de malo en la Navidad?

1959

¿Y por qué no Navidad?
Pues porque le dio la gana
a la autocracia cubana
y por pura necedad.
Por luces, oscuridad,
fueron años sometidos
a unos juicios desmedidos.
¡No a la sotana y la cruz,
ya no crean en Jesús!

1998

Pero un día la verdad
trajo entrando por la aduana
al mismo Papa en La Habana,
fue Dios y su voluntad.
"Ya vemos con claridad,
—dijeron los opresores—,
rectificación de errores,
retiraremos lo dicho,
ha sido todo un capricho,
borremos los sinsabores".

Estoy con Ucrania

Era el año ochenta y ocho,
soplaba corriente rusa,
USA era la hipotenusa
del gobernante Pinocho.
Saboreaban el bizcocho,
parásitos de la troika,
mas llegó la perestroika,
y se acabó el Moscú Rojo,
se quedó sin sangre el piojo,
la Kalinka, paranoica.

La tradición y cultura,
seguí adorando del ruso,
ungió el magisterio y puso
la lingüística de untura.
Mas mantuve la postura,
y aún con la graduación
continué la vocación
de ese idioma y su belleza,
su gente, su gentileza,
su riqueza y su pasión.

Hoy le arrebata la guerra,
su paz y soberanía,
a Ucrania, oscurece el día,
con plomo el cielo se cierra.
Un presidente se emperra,
y arremete con violencia,
los ataques, la dolencia
de un pueblo que es inocente,
que el mundo grite: ¡detente!
a Putin y a su demencia.

Roble

Ni la sombra del nogal,
ni enredaderas de esquinas,
ni la higuera con espinas,
pueden cortar su rosal.
Es que, a su dote verbal
nada le quiebra ni reta,
con alas, como escopeta,
tira versos de los cálamos,
temblando deja los álamos,
nada detiene al poeta.

Yenny Li

AUTORA

Poetisa y profesora de español con una trayectoria que se extiende a lo largo de distintas partes del mundo. Nació en la hermosa ciudad de Pinar del Río, Cuba, el 1 de mayo de 1970. Su amor por las palabras y su compromiso con la enseñanza se hicieron evidentes desde temprana edad, y estos dos pilares la han llevado a construir una carrera excepcional.

Yenny Li obtuvo su licenciatura en Educación, en la especialidad de lengua rusa, inglesa y española en el Instituto Superior Pedagógico Enrique José Varona, ubicado en la Ciudad de La Habana, en el año 1993. En 2006, emigró a los Estados Unidos de América, donde continuó desarrollando su carrera como profesora de español.

Sin embargo, su historia no se detuvo en el ámbito educativo. En 2019, se aventuró en un nuevo territorio: la poesía. Con una pluma llena de emoción y experiencia, publicó su primer poemario titulado *"Rimas de una musa ilusa"* en 2019. Este libro reveló su capacidad innata para transmitir sus pensamientos, emociones y vivencias a través de la poesía, lo que la consolidó como una escritora consagrada.

En 2021, Yenny Li dio seguimiento a su pasión por la escritura con la publicación de su segundo poemario, *"Acusa a mi musa"*. En esta obra, exploró temas profundos y personales, enriqueciendo el panorama de la poesía contemporánea con su voz única y sus reflexiones.

Actualmente, Yenny Li reside en Singapur, donde continúa desempeñándose como profesora de español. Su influencia en el mundo de la enseñanza de idiomas es inmensa, y su dedicación para inspirar a sus estudiantes a amar y aprender el español es notable.

La vida y carrera de es un testimonio de la pasión y el compromiso con el arte y la enseñanza, y su legado en ambas áreas continuará inspirando a muchos.

www.ingramcontent.com/pod-product-compliance
Lightning Source LLC
Chambersburg PA
CBHW061958040426
42447CB00010B/1803